EL ECO DE MIS PADRES

Desde lo profundo de mi alma

Maritza Álvarez Bonilla

Reservados todos los derechos. No se permite la reproducción total o parcial de esta obra, ni su incorporación a un sistema informático, ni su transmisión en cualquier forma o por cualquier medio (electrónico, mecánico, fotocopia, grabación u otros) sin autorización previa y por escrito de los titulares del copyright. La infracción de dichos derechos puede constituir un delito contra la propiedad intelectual.

El contenido de esta obra es responsabilidad del autor y no refleja necesariamente las opiniones de la casa editora. Todos los textos e imágenes fueron proporcionados por el autor, quien es el único responsable por los derechos de los mismos.

Publicado por Ibukku
www.ibukku.com
Diseño y maquetación: Índigo Estudio Gráfico
Copyright © 2021 Maritza Álvarez Bonilla
ISBN Paperback: 978-1-64086-951-6
ISBN eBook: 978-1-64086-952-3

DEDICADO A MIS HIJOS,
NIETOS Y BISNIETOS

PENSAMIENTOS DE ALMA Y ESPÍRITU

Pensamientos que se envuelven en un torbellino de amor y fidelidad, por el que caminan y crecen junto a mí sin interpelar; solo disfrutar de lo hermoso de la vida y de todo lo que ella trae consigo.

Vida, no existe ni existirá nada más valioso que eso. Reflexión es darnos la oportunidad de contemplar y apreciar nuestro entorno, mas al final damos gracias a Dios por tan inmensurable regalo que nos da la vida.

Porque la belleza de la naturaleza está en todo aquello que Dios creó: en el caminar de cada amanecer, en la sonrisa de cada ser, en el canto de las aves, en el susurro del viento y hasta en admirar el cielo brillar con el sol impresionante y la luna aparecer en el hermoso atardecer, que da la vista a las estrellas brillar. Hasta las flores muestran el esplendor que la vida trae y lleva. Bienvenida, primavera.

El resonar de las campanas al llamado, el susurro del viento al soplar, el canto de las aves al pasar, el brillo del sol tan majestuoso que ilumina nuestro rostro, el caminar de cada ser que al paso vemos ir y llegar, la aureola de cada flor y la altiva montaña que nos muestra cuántos retos hemos de tomar para llegar a su cima; todas estas hazañas las creó Dios para nosotros, vivamos intensamente agradecidos y explorando cada momento que la vida nos regala; en ella está el Señor.

La paciencia y la aceptación son cualidades que nos llevan a cosechar frutos y éxitos con solidez en nuestro crecimiento espiritual.

Vivir con actitud positiva nos hace personas invaluables, determinadas y maravillosas.

La naturaleza es tan hermosa que solo alguien que tiene el poder, crea bellezas tan perfectas. Siendo único, no existe nadie que se compare con su poder: Dios omnipotente.

En el umbral del atardecer, aquel que nunca escuchó el canto de las aves, el cantar de la cigarra, no pudo ver ni sentir que en ese atardecer se mezclaba el brillo del sol, esperando a la luna con su elegancia y vestidura de blanco, dejando caer tenuemente las hermosas y fugaces estrellas que la rodean, mas nunca verán que ella misma ilumina los senderos que alguna vez cruzaron en nuestras vidas y nos permitieron ver cuánta belleza expresa la naturaleza creada por el Altísimo; vida llena de sabores, aventuras, colores, alegrías y tristezas.

En la medida en que vivan unidos al Padre, Él permitirá que vuestros ojos puedan contemplar el reino y rostro de Cristo.

Mi inolvidable madre, hasta el cielo elevo mis oraciones. Que goces en la paz y mansedumbre del reino de Dios, quien abrió sus puertas para que mores en él eternamente y seas feliz junto a aquellos que amas, y que desde el cielo guíes a los que aún permanecemos en este paraíso terrenal, con la esperanza de algún día volver a reunirnos, ¡madre querida!

Vivir la vida y disfrutarla, aun cuando nos embarga una tristeza en nuestro ser, es plan de Dios y sabiamente debemos comprender que Él es el supremo de nuestras vidas, porque existe una razón muy grande por la cual nos otorga esta existencia. Caminemos con Él en fe intensa, para que nuestro caminar sea seguro.

En el tiempo guardamos y procuramos todos nuestras esperanzas, mas no olvidemos que ese tiempo es un regalo de Dios. Vivamos en comunión con el Padre, pues allí siempre comeremos el alimento espiritual que Él nos da en cada episodio de nuestras vidas.

Cada día emprendemos nuevos retos en nuestras vidas, así que compartamos y convivamos esos retos día a día, ya que no existen imposibles con la certeza de la fe. Todo aquello que desees lograr se te dará, ten la convicción de creer en Dios y en lo que hacemos, eso es lo que da valor a tu vida: acción, motivación y decisión; el resto lo hace el Padre celestial.

A ti padre, que estás en la casa del Padre celestial contando tus hazañas durante tu estancia en el paraíso terrenal, mas no se escaparán de nuestras mentes aquellas vivencias, anécdotas y luchas constantes donde fuiste el mejor protagonista, activo, positivo y emprendedor por lograr y alcanzar para los tuyos un mejor estilo de vida, un mejor aprendizaje, una lección bien aprendida, una experiencia lograda y el éxito satisfecho de todos con cada esfuerzo hecho. A ti, padre, con amor, que desde el cielo nos bendices, sé mi guía a través de Dios divino y celestial.

Hoy es un día maravilloso en mi vida, es el inicio de un nuevo amanecer, es la captura del brillo del sol en mi rostro, es la nueva brisa refrescante que trae el entusiasmo de vivir, trabajar, esforzarnos por ser mejores que ayer, de intentar algo nuevo que innove nuestros días, de contar cada éxito o cada error sin sentirnos fracasados, porque cada intento es un logro, es el paso a un nuevo inicio, es la continuación hasta lograr la meta.

No temas, no llores el dolor, es la fuerza inagotable de tu ser, es la mejor visión para encontrar y llegar a tu salida, es la antorcha que llevas en tu mano para vencer el miedo, el dolor para luchar por aquello que amas, por aquello que te mereces, por lo que te pertenece. Corre siempre con tu mirada hacia adelante, con la certeza y convicción de aquello que hay y existe en ti; lo alcanzarás porque no hay ni habrá tregua, es tu carrera en el tiempo de la vida, es la oportunidad que Dios te ofrece por lo que mereces.

A mi querida patria:

Porque te amo tanto, patria; mi tierra querida donde me viste nacer. Es solo el inicio de otra era, la constancia y perseverancia del deber por cumplir; es esa actitud del que busca logros, mas es firme en sus objetivos; es la alegría del compatriota que ve sus deseos realizados, que siente que tenemos mucho de dónde dar y también recibir, que nos enorgullece por el único hecho de haber intentado muchos saltos para llegar; es ser un pueblo con humildad para crecer fuertes y poder representar nuestros valores, cultura y dedicación por ser una tierra añorada y mostrarnos al mundo todo y cuanto hemos de alcanzar, rindiendo honores, valores y superación para que nuestra tierra siempre esté enaltecida por nuestros logros, luchas y tenacidad.
A ti, mi tierra querida, gracias por darme tu suelo para caminar con orgullo, Panamá.

No existe mayor fortaleza que aquella que llevas dentro de ti por el derecho de nacer en este mundo, por lo cual tienes una misión que cumplir, ¡por ser alguien excepcional!

Bajo la mirada de aquel que sueña dónde está el camino triunfante y lo recorre sin parar, aquel que logra cruzar mares, escalar montañas y seguir los senderos, será como el alpinista que llega a su cumbre, como el sembrador que cosecha sus mejores frutos o el arquitecto que edifica su mejor proyecto.

Allí, en cada acción, en cada intento, está el mejor de tus ayudante: Jesús, quien con sus herramientas divinas permite que logres cada peldaño que subes.

Fe y perseverancia, ¡tus mejores herramientas!

Ser amado es estar en la mente y el corazón de alguien, es poder sentir en cada día el abrazo del viento, escuchar el canto del ruiseñor, sentir el aroma de las rosas, el cálido sol acariciando tu rostro y el frío atardecer de las nubes al llegar la luna con su espléndida belleza, dando paso al rocío, al caer la noche, que nos envuelve en su frescura natural. Ser amado es estar por siempre en el corazón de alguien.

Hoy prometo ser yo la persona que no deja escapar un segundo de alegría en su vida, hoy seré el ejemplo positivo que a su paso deja huellas en aquellos que sus tristezas invaden el alma y el corazón. Hoy seré yo quien te entregue una palabra de esperanza que abrigue tus ilusiones. Al caminar sentirás pasos firmes con la sonrisa en tus labios, pues vencerás esas barreras y las cruzarás, llevando contigo el estandarte del triunfo y colmado de toda sabiduría; hoy seré yo.

No dejes pasar el tiempo que te da ilusiones, lecciones, esperanzas y treguas. Ese tiempo que dio a tu vida momentos, días, acontecimientos, alegrías, tristezas, llanto o dolor, que no sea borrado de tu memoria para que cada recuerdo añorado permanezca en tu ser interior y que a través del tiempo sientas haber vivido con intensidad. No dejes pasar el tiempo, el tiempo le pertenece a Dios y te lo regala para cada momento de tu vida; su tiempo es perfecto y no hay error en él.
Dios te da un tiempo para amar; ama.
Te da un tiempo para llorar; llora.
Te da un tiempo para ser feliz; vívelo.
Te da un tiempo para sufrir; sobrellévalo.
Mas no olvides que el tiempo le pertenece y no lo utilices en acciones negativas de tu vida; sucederá que no tendrás tiempo y llamará a tu puerta a pedir cuentas.

Cuando la naturaleza habla es el tiempo de amarla con mayor intensidad, solo nos deja saber el amor que existe en ella y nosotros no la entendemos, ignoramos ese amor fiel sin barreras, sin condiciones. Más allá de su dolor crece ese amor al ser su huésped y utilizar sus cimientos como morada, aun así, no comprendemos el valor interminable de la naturaleza; ella es quien nos regala el aire, el calor, el frío que emana de sus adentros, del aroma de las flores y las mieles de sus frutos, mas aun no la entendemos.

Ella es el remedio, como el bálsamo del alma y del corazón, de la conciencia de cada ser humano, mas nos deja la vibra de la energía en cada uno como chispa que enciende nuestro amor, nuestros pensamientos y acciones. Ella es la naturaleza y no la entendemos.

Hoy es y será un día espectacular y fantástico en mi vida, hoy expreso todo mi sentir, mi calor humano, mi motivación y mi razón de ser. A ti, Padre celestial, ¡gracias por la fabulosa oportunidad que me das en la vida!

Haz solo lo que amas y serás feliz. El que hace lo que ama está bendecido y coronado al éxito, porque lo que va a ser, será y llegará naturalmente. Es de sabios recordar que el tiempo del Señor es perfecto, exacto y maravilloso.

Reflexión del día:
Hoy fue un día maravilloso en mi vida, pues en la presencia del espíritu de Dios mantuve mi conexión con Él. Sentí en todo momento su presencia y más allá de todo, Él fue mi guía en mis pensamientos y acciones.

Mi ser interno; tengo la belleza innata de la vida, crecí con el candor y carisma que el Creador me otorgó, rodeado de toda naturaleza, del alimento que día a día mi padre pone en mi mesa, de aquellos que rodean mi vida y de mi familia. A los que suelen bendecir mi estancia: un abrazo, un te deseo lo mejor. Vivo en la constancia de que todo siempre estará delante de mí, abriendo nuevos y mejores caminos para que llegue a mi destino, mas sé que encontraré en mi recorrido grandes y pequeñas espinas, las cuales son barreras que me enseñarán a buscar y seguir el camino correcto en mi vida, mas estaré seguro de que en cada barrera está mi protector y mi guía en la vida. Estoy agradecido con el Altísimo por lo que soy, lo que he logrado y lo que he vivido, porque es parte de una misión encomendada de mi vida. No tengo derecho a una queja ni arrepentimiento de la vida, Dios me da todas las herramientas y mi deber es y será utilizarlas en cada etapa de mi vida.

"Celebremos la vida con gozo y alegría, ella es la joya más valiosa de nuestro haber".

Porque llevo en mi corazón y alma compasión, pues soy de carne y hueso, y esta virtud enaltece mi ser. Quiero ser ese amigo que siempre espera estar junto a ti, en el dolor, en la dificultad, en las alegrías y en el éxito; ese amigo que te regala alguna vez un tiempo, las mejores palabras de aliento y te motiva en tus etapas cruciales de la vida. Ese amigo que aún cuando te falten fuerzas o te llegue el éxito, te extenderá el brazo para que te apoyes en él y sientas que alcanzas esa cima a la cual soñaste llegar, esa majestuosa cima que nos hace subir o bajar, donde edificamos nuestros proyectos por realizar, cantamos nuestras alegrías y lloramos por nuestras emociones. En cada peldaño que subimos, ganamos el privilegio de ser compasivos.

Hermosa vida que nos lleva con esa sabiduría indescriptible que el Creador otorga a cada uno y sin cuestionar tanto nos invade de gozos y alegrías. Vivamos cada momento con aquellas memorias indelebles y naciendo cada día llenos de actitud positiva, fe y positivismo de lo que no se sabe que va a suceder, mas con el recuerdo de lo añorado y disfrutado en el pasado. Haz de tus días vida en abundancia, con la convicción del amor al prójimo, que eres tú mismo. A la vez, haz gracia a Dios que es el poder divino y siempre serás bendecido.

Recuérdame; el amor de hijo(a), el amor de padre o madre. Recuerda siempre a mamá, papá y abuelos aunque no estén contigo, ellos jamás olvidaron en el camino de sus vidas cada paso que diste, cada palabra expresada ni el llanto por tus caprichos o dolor; siempre estuvieron allí para darte un consuelo con amor, deseando borrar cada una de las lágrimas en tu rostro. Cada noche, al descansar, recreaban su vista observando tus fotos de esos recuerdos indelebles de tu niñez que llevaron por siempre en el corazón; oraron al padre por que nunca te faltara nada y por que tus caminos fuesen iluminados, seguros y protegidos por poder divino. Recuérdame aun cuando solo recuerdes vagamente pequeñeces, pues allí jamás moriré y viviré siempre en tu memoria y corazón.

Muñequita de cristal (Plauttel)

Hoy llegas al mundo y a la vida, y es el día más
hermoso que Dios nos regaló. Traes contigo la alegría
a tu espera, llegas fuerte y valerosa con el llanto
vivido del que nace anunciando su llegada triunfante,
mas con la misión abordo que Jesús dio a tu ser,
condicionada a ser feliz junto a todos los que han
esperado por ti y caminarán junto a ti en el inmenso
mundo que te recibe y te dará gratos momentos
inolvidables, buenos o inesperados; acontecimientos
que te guiarán en tus deberes con pasos firmes
y seguros. Bienvenida, muñequita amada, flor
de esperanzas, cultivada y preciosa joya; sé muy
bendecida desde las alturas.

Quién no dirá que hoy el sol brilla más que ayer, que el eterno cielo es más azul que siempre, que habrá lunas nuevas, llenas y cargadas de gran iluminación, que el Todopoderoso te abraza con más intensidad que ayer, pues el ayer ya fue vivido y hoy es el presente que nos abriga con nuevas esperanzas, alegrías, motivaciones y aventuras por vivir. El dar gracias a Dios es una fuente de energía que nos invade y fortalece en las adversidades del tiempo y no existiría un mañana sin que el Creador estuviera presente en él, regalando luz a nuestro caminar y amor a nuestros corazones.

Siempre habrá un despertar donde se escuche el trinar de las aves, el cantar de la cigarra anunciando el tiempo de una sequía o el tiempo de una tormenta, pues la verde vegetación está alegre y siempre habrá un despertar donde las flores abrirán sus pétalos y el colibrí se entonará para deleitarse de su néctar, rebotando de flor en flor y reflejando el candor de bellos jardines. Siempre habrá un despertar donde el sol brille aun más que ayer, dando paso a un nuevo día, abrazando con su calidez e iluminando ese nuevo acontecer que la vida nos da con paso firme, mas con la fortaleza de encontrar nuevas conquistas, sueños y realizaciones que existen en nuestras mentes y corazones. ¡Siempre habrá un despertar!

Celebrar o compartir no es llenar de regalos nuestro ego; solo con sentimiento y amor al prójimo será suficiente para mostrar nuestro interior como seres humanos. Vivamos con concepto y criterio de reflexión en nuestros deberes y responsabilidades, transmitiendo a los nuestros y al prójimo el valor, la dignidad y humildad para vivir conforme a la ley divina y ser verdaderos y merecedores hijos de Dios.

8/12

A mi recordado padre: el majestuoso cielo se viste de alegres estrellas brillando a la luz de la luna, a la espera de que aparezca el sol e ilumine tu alma llena de paz y regocijo. Celebrando hoy tu cumpleaños, aun en tu ausencia, papá, te abrazo con el amor de hija. Elevo mis oraciones al Altísimo por tu descanso y paz eterna. Feliz cumpleaños, padre querido.

7/27

A mi querida madre: Hoy se reviste de candor y flores hermosas, de la música alegre que entonabas en tus alegrías, de aquellos deseos y pensamientos de algún día lograr tus metas, del aroma a café que tanto degustabas día a día. Hoy, madre, estás celebrando tu cumpleaños con el mismo ímpetu que te caracterizó por ser una mujer llena de fortalezas, con positivismo y coraje, sin temor a los acontecimientos venideros, con los brazos abiertos a todos, llenando tus días de esperanzas y alegrías por lo obtenido. Nunca supiste de temor alguno, la fe en el Creador fue el estandarte que siempre llevaste contigo y que nunca te abandonó, mas sabemos que desde el cielo infinito también celebras con todos los que están contigo y los que te recordamos y amamos por siempre. Desde mi pequeño rincón elevo una oración para ti, abrazando tu espíritu con amor. Feliz cumpleaños, madre querida.

www.ingramcontent.com/pod-product-compliance
Lightning Source LLC
LaVergne TN
LVHW041552060526
838200LV00037B/1259